LE PAYSAN

SOCIALISTE.

———

JOURNAL INTIME

D'UN QUINTUPLE RURAL.

————

NIORT, 12 JUIN 1863 (*).

Pourquoi toujours ce regrettable oubli des pensées de Napoléon Ier à l'égard des idéologues ? Qu'ont fait les journaux, que veulent leurs avocats ? Si la lumière devait jaillir, ne serions-nous pas déjà éclairés ? Quand on soulève un peu le boisseau, il ne s'en échappe que haine, esprit de parti, médisance ou calomnie. Pour eux voilà le progrès............. Sont-ils autre chose qu'une bave empestée de la civilisation ? Sont-ils le résultat de cette éducation répandue à si grands frais dans les masses par le libéralisme de tous les pouvoirs ? Non, car les sociétés échapperont un jour à ces trafiquants de la pensée et de l'intelligence, elles échapperont à la dent venimeuse de tous ces marchands de paroles !

Vous qui voulez la presse, vous qui vous dites les apôtres de sa liberté, avant de lui offrir votre sang

(*) Ces lignes furent écrites pendant un plaidoyer de l'avocat Jules Favre en faveur d'un journal de notre localité, poursuivi pour manœuvres dans les précédentes élections. — Comme toujours, le futur académicien se montra à la hauteur de son émule le grand Frédéric Lemaitre.

et de vouloir être ses martyrs, donnez-lui donc un
peu de votre temps, de votre travail et de votre
science pour trouver un systême nouveau de publicité et n'avoir plus qu'un seul organe de la pensée
où pourront se produire toutes les grandes idées d'un
véritable progrès, où tout noble cœur pourra s'ex-
primer sans avoir à craindre les blessures d'une
plume mercenaire ou la morsure d'une bouche ven-
due à un homme ou à un parti......

. . . .

Et maintenant touchant à la question brûlante
qui vient d'agiter la nation ; vous tous quelle que
soit votre origine, quelles que soient vos passions ;
vous, tristes champions qui donnez à la justice du
pays le spectacle d'un pugilat sans utilité ; est-il un
de vous qui ait osé toucher du doigt cette plaie encore saignante, un de vous qui ait pu émettre l'idée
bien consolante pour un gouvernement issu du suf-
frage universel, que si Paris lui manquait, la France
lui reste. — Cette idée nous est venue à nous, bons
paysans qui rêvons par fois de prospérité générale en
contemplant avec bonheur notre fortune particuliè-
re ; cette idée bien simple et pourtant bien positive,
qu'en lisant les noms des électeurs de Paris on les
trouve en plus grand nombre qu'ailleurs d'origine
étrangère, appartenant, dans des proportions très-
notables, à des citoyens dont la langue n'a pu encore se façonner à l'accent de notre idiôme national
et qui pourraient peut-être en un jour de crise se
rallier à cette meute aux abois, à cette émeute tra-
quée depuis dix ans dans son antre sordide, haletante,

l'oreille aux aguets, l'œil avide, le museau sale et la gueule affamée.........

Oui, pour nous autres Français, pour nous, fils de ces soldats qui, sur tous les champs de bataille de l'Europe, ont marqué de leur sang la marche triomphale du drapeau de la France, pour nous (Puissiez-vous nous entendre M. Thiers), l'histoire de la révolution, l'histoire morale et politique d'un grand peuple, l'histoire passée, présente et avenir d'une glorieuse époque ; cette histoire se trouve en entier dans une seule strophe de l'illustre poète qui sauva la patrie par un mot lancé à travers l'orgie d'une populace en délire ; cette histoire est là :

> Quand un siècle vieilli de ses mains se déchire
> En jetant dans ses fers un cri de liberté
> Un héros tout-à-coup de la poudre se lève
> Le frappe avec son sceptre, il s'éveille et le rêve
> Tombe devant la vérité.....

Ce héros, quel fût-il ? Quel est son héritier ? Son successeur naturel et légitime est celui qui inscrivit Sébastopol, Magenta et Solférino après Marengo, Austerlitz et Wagram ; celui qui nous a dit : Quand la France est satisfaite le monde est tranquille. C'est Napoléon III ! — Place à la France ! Place à l'Empereur !!......

. . . .

CATÉCHISME

A L'USAGE

DE DEUX MAIRES DE CAMPAGNE

D'UN

JUGE DE PAIX ET D'UN POMPIER

19 MARS 1867.

Pourquoi la république est-elle la forme de gouvernement la plus impraticable en France ?

Parce que depuis qu'il y a des élections municipales, il ne s'est jamais rencontré un seul candidat frappé d'ostracisme qui se soit écrié à l'exemple de ce sage d'Athènes : Je rends grâce aux dieux qu'on ait trouvé dix-huit citoyens meilleurs que moi...

Quel est le plus sûr moyen de ne pas se tromper ?

C'est de ne jamais avoir d'opinions définitivement arrêtées sur quoi que ce soit, et de tenir en réserve l'argument de certains faux habiles qui vous disent toujours après coup : Je m'en doutais bien, je vous l'avais bien dit.

EXEMPLE.

Êtes-vous poète ?

Non, la poésie n'est qu'enthousiasme et illusions ; c'est la plus délicieuse des folies, ce n'est donc pas la vérité.....

Vous êtes donc réaliste ?

Encore moins ; le réalisme est un fils de l'égoïsme qui engendre plus de petites passions que de légitimes ambitions, et devient le plus immortel ennemi de tout perfectionnement.....

Qu'êtes-vous donc alors ?

Qui le sait. — Je suis moi.....

Qu'est-ce qu'un sot ?

Balzac a dit : Un sot est celui qui ne justifie en rien l'opinion qu'il a de lui-même.

Boileau. Le plus sot animal, à mon avis, c'est l'homme (1).

Un autre. Un sot fut ce tribun joufflu qui sauta par un vasistas pour échapper à l'incendie ranimé au vent de sa parole ampoulée.....

Que sont les actes, et que sont les paroles ?

Les actes sont des mâles ou des hommes, les paroles des femelles ou des femmes, trop souvent de viles courtisanes vendues à un homme ou à un parti, et qui se paient toujours d'autant plus cher qu'elles sont plus belles. — Donc les sociétés ne seront grandes, puissantes et libres qu'en échappant à l'exploitation des marchands de paroles qui sont les avocats et les journalistes.....

(1) Boileau : . . . . . Du Pérou jusqu'à Rome,
Le plus sot animal, à mon avis, c'est l'homme.

Qu'est-ce que le progrès ?

Si le progrès est l'élan d'un peuple vers l'amélioration et le perfectionnement des institutions, des hommes et des choses, il ne peut tendre au renversement ni à la révolution sans être réaction et sans perdre fatalement le bénéfice de tout le temps et de tout le sang dépensés pour les bases et le couronnement de l'édifice social.

Pourquoi l'aigle est-il l'emblème héraldique des empires ?

Parce que l'aigle seul peut regarder le soleil en face sans en être ébloui.....

Le lis n'est plus qu'un emblème poétique qui n'appartient qu'aux rois seulement, et dont le prestige s'efface en se siècle d'argent sans chevalerie.....

Le coq est un petit bourgeois à l'usage de ceux qui font toujours de la révolution sans le savoir.....

Pour nous, chrétiens et Français, est-il une personnalité plus noble, plus grande et plus imposante que Napoléon III ?

Oui. — quelle est-elle ? Jésus-Christ !

O gloire, qu'es-tu donc ?

Peut-être une arrière-petite-fille de cette éternité qui, perdue dans l'espace au milieu des évolutions des mondes, vint poser son pied sur la terre pour mettre sa tête dans le ciel !.....

La gloire n'est qu'un nom, la vertu qu'un vain mot,
Qui se garde à carreau ne peut être capot.

ÉSOPE, de Saint-Pompain.

17 NOVEMBRE 1869.

Que dit ce prétendu manifeste signé Bancel, Jules Favre et Cⁱᵉ ? Cherchons bien :

En ce beau pays qui s'appelle la France, il est encore heureusement pas mal de bons et braves citoyens qui préfèrent être gouvernés que de gouverner. — Ils ne veulent point se dire patriotes depuis qu'en langage de presse il est convenu qu'on désigne ainsi ceux qui se trouvent armés contre tout gouvernement établi.

Ils travaillent avec une ambition qui a pour but la prospérité de leur fortune en vue du bonheur de leur famille, et mettent leur gloire à prétendre qu'en obtenant le double du sillon qu'ils ont tracé avec courage et intelligence, ils ont mieux servi leur pays que leur voisin l'encrouté, le bavard, l'ivrogne et le fainéant....

. . . .

Malgré toute la bonne volonté possible, ils se voient forcés d'avouer qu'ils n'ont failli s'apercevoir qu'une seule fois, c'est en 48, qu'aucune honnête liberté leur ait pu manquer. Et ils déclarent qu'ils dormiront parfaitement tranquilles, tant qu'il y aura un code Napoléon, des lois, une magistrature intègre et un gendarme pour le respect et la force du tout......

. . . .

Voilà cependant qu'il se présente une société d'assurance qui fait ses offres de service au nom de quoi? D'une liberté dont on parle depuis bien longtemps, sans songer qu'elle n'a pas encore été exactement définie; et de l'abolition du pouvoir ou du gouvernement personnel, mots nouveaux, nouvelle rengaine aussi difficile à expliquer...... faible capital! faible garantie !......

Ces messieurs de l'assurance crient modestement : il nous faut des réformes, elles sont urgentes, indispensables, hors de contestation pour tous les esprits éclairés. La première touche à l'élection du Corps législatif ! Le gouvernement du pays par lui-même, pour et par la liberté !

Nous vous croyons donc puisque vous êtes des esprits éclairés, bien éclairés, peut-être à l'huile de pétrole.....

. . . .

A ce moment passe une chasse dans la forêt voisine ; on entend le fouet et la voix du veneur : Aaï, arrête Vainqueur ! bellement Triompheau arrête ! bavards de chiens, c'est le contre ; aaï, aaï !!!

Et le brave homme de reprendre : Vous avez raison mes bons messieurs ; c'est cette chambre qu'il faut changer d'abord ; cette chambre où il y a près de 400 braillards qui ne seront jamais d'accord ; cette chambre où il y a une gauche, une droite, pas de centre, un tiers. un demi-tiers parti ; le diable et son train avec ses cornes et sa queue, et son poil qui roussit et qui pue...... C'est cette chambre que nous payons si cher pour nous faire des lois et perfectionner nos institutions, et qui ne produit guère autre chose que des disputes ; cette chambre où nos affaires devraient se traiter sans arrière-pensée d'intérêt personnel, sans rancune, sans haine, sans esprit de parti, avec la seule ambition du bien général ; et non comme font messieurs les députés pour toute question soulevée, qui avant tout, n'a plus ou moins de valeur pour eux, que selon qu'elle proviendra d'eux ou de leurs amis et que la solution en sera à l'avantage d'un tel ou d'un tel qu'ils aiment et qu'ils suivent...

. . . . o

Ah ! quand nous serons véritablement les maîtres, quand nous serons libres, libres penseurs aussi nous ; quand nous serons rois, les seuls héritiers du grand roi soleil ; quand l'état sera nous, nous le peuple, le vrai peuple, le peuple souverain ! le peuple qui agit, qui produit et qui pense ; eh bien ! le premier acte de notre pouvoir serait de réaliser une économie de députés ; nous n'en voudrions que deux par département, c'est bien assez. Puis, pour rester convaincus que ce seront d'honnêtes gens qui représenteront bien nos intérêts et nos opinions du moment ; nous en confierions le choix à nos maires, aux conseillers cantonaux et aux conseillers départementaux ; ceux que nous avons tous désignés avec connaissance de cause parce qu'ils sont eux aussi de braves citoyens en qui nous avons confiance ; qu'ils sont nos amis, qu'ils nous aident tous les jours de leurs conseils et de leurs lumières ; qu'ils demeurent près de nous ; qu'ils sont toujours disposés à nous laisser leur parler de nos besoins et de nos idées ; et enfin parce qu'ils sont peut-être capables eux de faire accepter à nos députés ce que vous appelez le mandat impératif dont vous ne voulez pas, et qui constitue pourtant le délégué comme le commettant.

Pour senctionner ce système gouvernemental nous pourrions êtres appelés à voter par oui ou par non, comme quand nous avons proclamé le neveu de son oncle.

Au lendemain de cette première réforme, nous songerions à calmer un peu toutes ces grandes et petites ambitions qui grouillent autour du pouvoir, et nous demanderions s'il ne serait pas possible d'avoir à la tête des huit grands départements administratifs, huit Excellences, ne portant pas d'autre nom que celui du portefeuille qu'elles ont sous le bras ; invisibles comme Dieu ; mais discutant par écrit devant les chambres et le pays les actes de leur administration, et représentées, dans les cas indispensables, par une personnalité d'emprunt appropriée à la circonstance......

. . . .

Puis nous proposerions...... mais nous devenons bavards aussi nous ; et la raison sociale Bancel, Jules Favre et Cie n'écoute plus ; elle a froncé le sourcil ;

penseraient-ils à saisir ces autres armes dont ils
parlent ? Oh ! non, ce serait mal, car alors leur mon-
trant de rudes poings et le sabre de nos pères, nous
leur crierions à eux, comme à leurs concurrents,
leurs élèves révoltés, les galopins de la banlieue :
Arrière, foutus marchands de mauvaises paroles,
patriotes de pacotilles, pédagogues vaniteux et en-
roués ! Arrière donc, c'est encore la France qui s'a-
vance avec le chef qu'elle a choisi ! Ils sont pressés,
n'entravez pas leur marche ; arrière, arrière....... et
puis découvrez-vous !!!

. . . .

Et bientôt peut-être, pourrions-nous convoquer
toutes les nations du monde à l'apothéose de la
France, ou à la lueur de feux électriques effaçant
l'éclat du soleil, on la verrait avec son Paris moder-
ne, tout son Paris de marbre et d'or, de savants et
d'artistes ; et son grand peuple de travailleurs accla-
mant la dynastie du génie et de la liberté.....

. . . .

Et dans la forêt voisine s'entend le bien-aller du
veneur ; Et le bon gendarme se pâme de bonheur
dans ses bottes d'ordonnance, en fredonnant le *Chant
du Départ*, la *Marseillaise*, les *Girondins*, voir même
la *Parisienne* ; tout sur l'air de :

Veillons au salut de l'Empire,
Veillons au maintien de ses lois.

Ainsi soit-il !

16 NOVEMBRE 1871.

———

Hier j'assistais à une conversation concernant le rôle que le journalisme joue depuis longtemps en France, et on attribuait à la presse une large part de responsabilité dans des malheurs dont une des conséquences matérielle et forcée est de nous voir grevés d'impôts de toutes sortes.......

. . . .

Mon ami Patochon qui n'est point un mauvais homme, nous offrait peut-être un remède, en disant : Si j'étais gouvernement, je promulguerais cette loi :

Art. 1er. — La presse est complètement libre.

Art. 2. — Tout procès, toute contestation en provenance de la publicité d'écrits imprimés soit de particuliers à particuliers, soit d'administration à particuliers, sera porté devant le tribunal civil de première instance du lieu où cette publicité se sera produite.

Art. 3. — En outre des frais déjà spécifiés par la loi, la partie qui succombera sera passible envers l'État d'une amende de cinquante mille francs, re-recouvrables par tous les moyens en vigueur (1).

———————————

Le contribuable chargé de soutenir le susdit projet aura beau jeu pour dire : Allons, Messieurs les menteurs, les insulteurs et les diffamateurs, la main à la bourse en même temps que sur la conscience et passez-vous votre luxe !

(1) Pour l'application de cette loi, l'état, par suite de son recours contre tous les tenants et aboutissants, solidairement responsables, peut se trouver en droit d'opérer, à son profit, la saisie d'un outillage d'imprimerie.

10 DÉCEMBRE 1871.

En lisant l'interminable message du président de notre République, pourquoi nous semble-t-il donc à nous autres, pauvres paysans, voir un petit gâte-sauce brassant de la bouillie pour les chats dans la grande marmitte des invalides.

Puis nous songeons malgré nous à une autre époque et à cet autre chef d'une grande et noble nation, qui s'emparait, d'une main solide et autorisée, du gouvernement et nous entraînait en disant : « Quand la France est satisfaite, le monde est tranquille. »

Et ne sommes-nous pas bien tentés de pardonner à ce même chef, s'il a eu peut-être le tort, dans son dernier message, de surrexciter la rage impatiente de l'hydre de l'anarchie par ces paroles qu'il croyait sans doute, hélas ! :

« Quant à l'ordre, j'en réponds. »

7 JANVIER. — EPILOGUE.

Devant cet opuscule, tous les gobe-mouches de France s'écrieront : Il est bigrement bonapartiste ce vieux Manzu ! — Moi, je leur réponds : Non, non, non ! je suis impérialiste !... Puisque malheureusement l'hérédité du pouvoir, par droit divin, est devenue désormais impossible en France ; que la volonté du peuple soit faite ! Que M. Thiers ou un prince d'Orléans quelconque ; que le fou-gueux Gambetta, ou voir même le failli Mottu, nous offre une garantie de puissance susceptible de nous faire croire à vingt années d'ordre et de progrès comme celles que nous avons traversé avec notre dernier tyran ! Que celui-là se produise franchement, et je l'acclame empereur, et je lui vote toute la portion disponible de mon budget personnel pour les lampions de sa fête ! L'Empereur est mort, vive l'Empereur !...

MANZU,

Cultivateur à Saint-Pompain.

Niort, imprimerie Desprez.